神々の試練

世界のシャーマンに認められた男

―ヨーロッパ紀行―

序　章

人は……ほんのちょっとしたきっかけで、
驚くほどの経験をつむことが出来る。
そのきっかけは、人生と言っているぐらいだから、
自分以外の人物との関わりから起きてくるのである。
自然界に学ぶと天の教え、知恵を手にする事が出来る。
その知恵を共有する、磨きをかけていくのは、
人と人の交じり合う社会の中でなければ、
なんの意味を成さない事……なんだと思う。
自然界のエネルギー、温泉に生き、
その温泉を地の恵みと敬い、最大限に活用させて貰い、

人のからだの為にと動く。
そこから発展して、
ヨーロッパ、アルプスを中心とした自然界の恵みを活用した、
ヒーリング・メッカを旅する事が出来たのである。

杉本錬堂

※ワンコインブックス　シリーズ3は
番外編としてお届けします。

目次

第四章　天地人

世界温泉博でドイツ人四人に日本の温泉文化を紹介

伊豆には温泉のメッカがいくつかある。そのひとつが修善寺の奥にある泉質のよい船原館だ。そこの主人の鈴木基文さんと一緒に企画を考える中で、湯治という古来文化を二十一世紀に向けて新しい文化として発信しようということになった。

そこでまず湯治を TO-JI とした。二〇〇二年には全国的な展開となり、私はいつのまにか運輸省の観光カリスマに持ち上げられていた。そこで私は湯治を新しい文化として見直そうと言って歩いた。

二〇〇〇年の新世紀創造祭に話を戻すと、その世界温泉博の会場で、私が所属していた温泉文化研究会でブースを出し、『温泉道教本』というパンフレットを配っていた。そこにドイツ人が四人やってきた。

黒い髪を短めにそろえた背の高い女性はカトリンという名前で、通訳でしっかりとした日本語をしゃべる。

髭を蓄え、ストールを肩にかけたお洒落な男性はシャフナーといい、温泉を使って健康をテーマにしたホテルをプロデュースしているという。

ご夫婦の四十代のカップルは東ドイツで健康をテーマにした、ツアーブライフェというホテルを経営しているという。

そして久しぶりに日本の湯治文化を研究しに来日、草津や別府など全国の温泉地を回って湯治文化を探したけど目新しい温泉療法はなかった。

「あなたは何をやっているのですか」と聞いてきた。

「私は日本の温泉文化を紹介している」と言ったら、それをぜひ体験したいということになった。

次の日は本業だった菓子製造の仕事が有ったが、なんとかして案内したかった。

通訳のカトリンに「明日の朝、あなた達の泊まっているホテルに迎えに行って案内しますよ」と言ってしまった。

翌朝、友達に車を借りて、彼等の泊まっていた修善寺のホテルまで向かった。約束の時間は十時だったけど　九時半にホテルに着いて、どんな行程で案内するかシミュレーションした。

十時一分前にホテルのフロントに入って行ったら、彼ら四人はフロント前にすでに待っていた。

カトリンは時計を見て十時ピッタリに現れた事にビックリするほど感心していた。

ひょっとして……約束をしたけど、本当に来てくれるのか？　大丈夫なのか？　などと話していたらしい。

待ち合わせ時間にキッチリと現れた事、
本当に……約束通りに迎えに来て案内をしてくれようとしている事、
この行動が彼等に相当に好感を持たれたという事だったらしい。

一行をワゴン車に乗せて、下田にある金谷ホテルの千人風呂に向かった。そこの千人風呂は浴槽が三つあり、四十二度、四十度、三十八度の温度帯がヒノキの柱で区切られていた。

四十度帯は大きな浴槽で九十センチくらいの深さがあって、歩行浴ができるようにはなっているが、歩行浴のためではない。

真ん中の長いヒノキを使って、柱に手と顔を乗せて腰を伸ばし、柱に抱きつき、どちらかの肩を湯につけながら足で踏ん張ると、湯につけている方の肩甲骨が伸びる。

同じ体勢で腰をゆっくり左右に振ると、びっくりするほど腰が伸びて、腰の痛みや重みがとれてくる。要は温泉の中でストレッチができるようにつくられているのだ。

この四十度の浴槽に二十～三十分つかって我慢ができなくなったら、今度は四十二度の浴槽に五～六分つかる。するとボーッとしてフラフラになるので、からだをひきずるようにして三十八度の浴槽に移る。

最初は冷たく感じるが、ゆっくりからだの表面（皮膚）に意識を向けて深い呼吸をすると、やがて、からだ全体に風邪を引いて熱が出たときのようにジワーッと汗が出てきて気持ちがいい。

このわずか二度の温度変化がからだをゆるめ、からだを快感に導いている。あとは四十度に再びつかったり、三十八度につかりながら四十度の浴槽に手を入れてグターッとする。

その間たえず汗をかいている状態で、まるでゆっくりジョギングしているような感じになる。

さらに露天風呂の湯底には角柱が埋め込まれていて、壁につかまって足をゴリゴリやると、足の裏がジーンとしびれて気持ちがいい。つまり温泉につかりながら足裏療法ができるようになっている。

そんな説明を一通りし、日本の温泉文化は自分のからだを自分で治すところだと説明すると、ドイツ人たちは「ボナバーーー」と歓声をあげた。千人風呂のあとには、熱川の山桃茶屋という日本料理の店に連れて行き、早めの夕飯をご馳走、我が家の店でフラン菓子のデザートまで振舞った。彼等はお金を払おうとしてくれたが、今日、一日の費用は何も心配しなくていいですからとカトリンに伝えてもらった。

ドイツからドイツへの招待状が届く

その一週間後、お菓子の厨房で仕事をしていたら、店の電話が鳴った。いつもは電話の音など気にならないのが普通だったが、その電話だけは妙に気になった。

カミさんが「チーーフ　ベルリンから電話よ」

「エッ……ベルリン?」

ドキドキしながら受話器をとった。

「モシモシ、レンドさん、カトリンです、六月か七月に三週間ほど空いている時がありますか？」

スケジュールを調べたら、七月に三週間何もスケジュールが入っていないところがあったので、「七月だったら大丈夫」と言った。

「レンドさん、すばらしいプレゼントがあると思います。楽しみにしていてください。ではまた」

電話を切ったあと、これから何が？　起きるのか？　胸がワクワクした。

一か月もしないうちに郵便局から海外専用の書留が届いた。

封を開けてみたら、エアーチケットと一枚の紙が入っていて、その紙には表が書いてあって、その表にはシャルルドゴール・ベルリン・フランクフルト・ミュンヘンなどのヨーロッパの知った都市の名前があって、最後にひらがなで、**あなたは、にほんをでてから、かえるまで、なにもしんぱいは、いらない**と書いてあった。

なんとドイツへの招待だったのだ。

来日していたあのお洒落なシャフナーも同行してくれるという。

あっという間にヨーロッパに行く日が来た。

成田からフランス・ドゴール空港まで十三時間かかってしまった。

初めてのヨーロッパ、ドゴール空港は大リニューアル中であちこちに工事用のビニールがかぶっていて、看板が見えにくくなっていて判りづらかった。

それに予定到着時刻が一時間近く遅れて、トランジットが四十五分というタイトな時間だったのであせっていた。

カウンターにチケットを見せながら「ホエアー……」と、英語で聞いた。どっちに行くか？　と聞いたつもりが、「デューディー」と言われてチケットを返された。

デューディーって……？　判らない……。

もう一回、「ホエアー……」と大きな声で……言った。

鼻の高い綺麗なフランス人と思える女性が、大きくため息をついて嫌な顔をして、デューディーって言いながら、見せたチケットに赤のボールペンでチケットの四分の一ぐらいの大きさで、チケットが破れるんじゃないかと思うほど力強くD2と書いて、その細めの腕で右側を指差した。

その対応に、ちょっとムッとしたけど、指差した方を見たら、あーーーーD2のゲートだったんだ……。

指差した先の看板にA〜F GATEと書いてある。

そんな……田舎者には判らんよ。まして初めて来たフランスの異国では、何、言ってんだか？　判らんし……Dの字も書いてないし、まあ、時間も無いので急いでそのD2に向かう事に……。

それが……降りたゲートがAゲートで、Bまでも距離があるのに、Dは……もっと先、エッ……、思わず背負っていたデイバッグを後ろ手に抱えて走った……。

出発まで、あと三十分しか……ない。エールフランスの機内で食べたクロワッサンをもどしそうなぐらい気持ちが悪くなって心臓もドキドキしたが、そんな事を言ってるほど余裕は……無いーーー。

正面から歩いてくる人々をかき分け、ひたすら走る。着けなれていない腕時計を見ながら……。

あと二十五分……もう搭乗手続きが終わって、ゲートが閉まっているんじゃないかと思いながら――カトリンが……フランスは時間に遅れると容赦なくおいていくんだよと言っていた事を思い出した瞬間――走りを加速した。

やっとDゲートの入り口にさしかかって、D2と書いたガラスドアを開けたら階段が十数段あって、ゲート前は広いフロアになっていた。

そこには溢れるほどの人がいて、入った瞬間、ムーーとして更に吐きそうになって、深い息をするんだと自分に言い聞かして呼吸に意識を向けた。最初はゆっくりどころではない。ハッハッハッハッと吐いて、七~八回目でやっと呼吸が整って肩をなでおろした。

まずは……間に合って、良かったあーー。

ゆっくり階段を下りながら、今、起きている状況を把握しようと様子を伺った。

すでに搭乗手続きは始まっていて、数人の人は飛行機に向かっている。だけど…………何故か？　ゲートインの前は大騒ぎになっている。日本ではきちんと列を作って順番に受付をするけど、フランスって国の習慣はこんな風な感じなんだなと思いながらも、その人混みを強引に割って、前に出た。

持っていたチケットを渡して入ろうとした時、ゲート前にいた背の高い男に「ノン！！」と言われて手で止められた。

「ホワイ?」と下手であろう英語で聞いた。

そうしたら、あの独特のイントネーションのフランス語がベラベラと返ってきた。

失敗したと心の中で思った。何を言ってんのか……判らん。

でも、今、乗ろうとしている飛行機には乗れない……らしい。

なんでーーー乗れないんだよ、と日本語で大きな声で言った。

そのフランス人、その声で驚いて、一瞬だけどその高い鼻の中心にシワを寄せて、両手を広げて、「じゃあ……どうすればいいの?」と仕草した。

落ち着いて話を聞くと、これから向かうベルリンの上空に大きな雷雲が発生していて着陸できないとの事。

今の段階でチェックインしている人は、ベルリンではなくフランクフルト行きの飛行機であるとの事。

背の高いフランス男、じっくり話を聞いたら……意外と良い奴だった。

悪天候で飛行機が飛ばない時…踊ろうぜ

諦めて、少し離れたところの壁に寄りかかって腰掛け、居眠りと決め込んだ。

十数分、寝て、なんかスッキリした。目を開けると……まだゲートインの前で十数人の若い男女がチケットを片手に背の高いフランス人に対して大騒ぎをしている。

口の中で、「しょうがないじゃん……誰が悪いと言うわけでない。天気が悪いだけなんだから」と声を出して独り言を言った。

いつまで……騒ぐんだろう？

いても立ってもいられなくなって立ち上がり、その大騒ぎをしている間に割って入った。

大騒ぎしている若者に向かって、まあまあまあと手を広げていさめ、数メートル離れた柱の下に置いてあったラジカセを指差して、こんな文句を言ってないで、あれで音楽を流して、踊ろうゼイとジェスチャーをした。

その若者、最初はけげんな顔をしていたが言っている意味が判ったらしく、仲間に手を振りながら、もう止めようと言って……たぶん、そう言ったに違いない、ラジカセがある方に全員向かった。

ラジカセからロックのサウンドが流れ始めて踊りだし、違った大騒ぎが始まった。

普通だったらこんな大騒ぎは許される訳が無いと思うけど、状況が状況だけに黙認という形らしい。

先ほどの若者が私に近づいてきて、一緒に踊ろうよと手を引っ張った。

うーーーん、と言いながら立ち上がり、踊りの中に入り、踊り始めた。

勿論、ロックで阿波踊りみたいな踊りを。

それを見ていた若者達は更に大騒ぎ。そのミニロックフェスティバルは二十分ぐらい続き、疲れて、再び腰掛けて眠りについた。

誰かに肩をゆすられて目が覚めた。

誰？　と思って見たら、あの若者だった。

彼は多分、イタリア語？　イタリア人？　ンッ……時計を見たら、エッ……五時間も寝ていた。

それも、いつの間にか地べたに横になって、デイバッグを枕にして深い眠りについていた。

どうやら、天候が回復して飛行機が飛ぶらしい。寝ている間に固まったからだを伸ばしながら、起き上がって搭乗ゲートに向かう。

今度はみんな二列に並んで順番を待っている。

その最後列に並ぼうとしたら、若者達が声をかけてきて、笑いながら握手を求め、一番前に入れてくれた。

そして小さな紙を渡してくれた。

一三：〇〇　〇×〇×〇×

時間と、なにか場所の名前らしいが、アルファベットで数行書いてあった。

あとでカトリンに訳して貰ったら、その日はベルリンの中心街で年に一回の大きなロックフェスティバルがあり、フェスティバルの中心に大きな凱旋門があるので、一三：〇〇に気が向いたら来てよと書いてあった。

でもカトリンはそのフェスティバルには絶対に行かない方がいいと言って案内する気は無かった。

けど、本当は……行きたかった。

カトリンは……硬すぎる。まあ五時間、遅れたけど、なんとかベルリン行きの飛行機に乗れた。

ベルリンの上空の天気は回復して快適なフライトだったが到着は夜中になった。

地味な税関を抜けて、荷物受け取りの場所にあの若者達とおしゃべりしながら肩を叩き合いながら向かった。

若者達の荷物は早々に出てきて、手を挙げて別れを告げる。

イベントに行くつもりだったので、シーユーアゲインと下手であろう英語を使い再会を約束して……自分の荷物を待っていた。

預けた荷物が届かない

だけど、いつまでも……待っていても、私の青いスーツケースが……出てこない。

アレッ……力なくベルトコンベアが止まってしまった……。

アレッ……なんで？

私のスーツケース……出てきてないけど。

そこには空港関係者と思われる中年女性一人がいて、心配そうにこっちを見ている。

「マイスーツケース、マイスーツケース」と言って訴えた。

「ヴァ？」

マイスーツケースとゆっくりと言って、持っていたチケットを渡した。そのチケットとコンピューターの画面とを見つめて「オーーー」と言って私の顔を見て、「シャルル………」と言っているが、もうーー何を……言ってんだか、どうなってんのか？　判らない。

現実に起きている事は、どうやら、私のスーツケースはフランスの……あの……シャルルにあるらしい。

どうしようかと考えていた時、彼女がアド、アド、アドレスと難しそうに英語で言った。

私も……彼女も……共通言語であろう英語が堪能ではなかった。

でも確かに……アドレスと言った。

ジャパンと言った。

ノオ……ドイチュランド。

そうか……ドイツの滞在先なんだな。

そう理解した時、血の気が引いた。

カトリンの連絡先をはじめ滞在先を書いた紙を持ってきてなかった。

手を広げてギブアップの格好をしてみせた。

「ノオ」と彼女は言って、ヤーパン、コール、ヤーパンコールと言って電話を持つ格好をした。

ヤーっと慣れないドイツ語で返事はしたものの、ドイツ通貨のマルクの換金もしていなかった財布を出して、マルクの換金をしていない事を伝えた。

「ノオ……」と言って、自分の財布をハンドバッグから出して、マルク硬貨を何枚か渡してくれた。

この優しさに思わず涙が出た。

おまけに電話機の隣まで来てくれて、硬貨を電話機に入れて、いくつかのダイヤルを回した後に、「ユーー」と言ってダイヤルを回すようにとジェスチャーで教えてくれた。

聞きなれない呼び出し音で相当に鳴らした時、モシモシと眠そうなカミさんの声。

朝の三時だったらしい。

「モシモシ、俺だけど……」

「どうしたの？　昨日の夜、カトリンから国際電話で飛行機が着いてもレンドウが出てこないので、来てないのか？　と心配してたけど」

いや、それよりもーー……とカミさんの話を抑えて現状を報告した。

現在、空港に着いて、スーツケースが着いていない。

カトリンの連絡先がわからない。

マルクとの換金が出来ていない。

嘘みたいに用件を手短に言ってのけた。

あらあら……と悠長なカミさんの返事に焦《じ》れている自分がいた。

とにかく、こっちからカトリンに電話を入れて、迎えを頼んでみるから動かないで……そこに居てよ。絶対に動いちゃダメだよ。

まるで小学生の子供に言っているような言い方に、ちょっとムッとしたが、現状は……小学生以下だった事にハッと気がつき、「判った……ジッとしているから」と言った。

カウンターの彼女にジェスチャーでなんとか大丈夫と伝えたら、グッドラックと言って親指を上に立てて喜んでくれた。

残った硬貨を返しながら、電話機に入れた硬貨をどうすればいいのか、またジェスチャーで尋ねたら、ノー・プロブレムと言う返事をしてカウンターの奥のドアに入っていた。

相当なピンチだったが、神様はなんとか助けてくれるものだ。

ベルリンからツアーブライフェに向う

ホッとして空港の常夜灯の下に座り一時間ほど眠ってしまった。

「レンドサン……ダイジョーブ」との声で目が覚めた。

そこに髪を刈上げた几帳面の顔のカトリンが立っていた。

「オーーーカトリン、ダイジョーブです」と変な日本語を使ってしまった。

「モーー信じられません、連絡先も持たず、お金も替えてなく、どーするつもりだったんですか？」と流暢な日本語でまくし立てられた。

それは……

カトリンの手紙に、飛行機に乗ったら、あとは、何も心配しなくても大丈夫と書いてあったから……そんな、海外に出たことも無いのに……判らないんだよと思っていたけど、ニッコリ笑って、「ノー・プロブレム」と言って、親指を上に立てカトリンの顔の前に突き出した。

「スーツケースはドシタノデスカ？」

「スーツケースは……無い」

「エッ……ナンデデスカ？」

それは……こっちが聞きたいよと思ったけど、「どうもシャルルにあるらしい」と言って、終わりにした。

ベルリンは二つの空港があって、夜になると郊外の空港に変わる。その空港はベルリン中心にある空港から一〇〇キロメートルぐらい離れたところにあるので、便が遅れて、その時間を過ぎると面倒なことになってしまうらしい。

カトリンの旦那ハンスさんが車を運転してくれて、夜明け前の薄明るくなったベルリン市街地へと向かった。

カトリンのアパートは、ベルリンの中心部から三駅くらい離れた住宅街にあって、さすが東ドイツその一帯の建物は高さが同じで一直線なのだ。

建物は古くても頑丈にできていて、百年近く経っていても骨組みはしっかりとしていて、何回のリニューアルにも耐えられるらしい。

スーツケースはその日の夕方までにカトリンの家に届いた。

ベルリンには二日間滞在して、ベルリンの壁や美術館などに案内されて観光を楽しんだ。

ちなみに、その観光しているあいだじゅう、どうして……連絡先を持ってこなかったの？　どうして……換金をしてこなかったの？　と何度も聞かれたが……その質問に答える心の余裕は無かった。

三日目にブルグ地方のシュプールバルドという地域にある、ツアーブライフェという名門ホテルに向かった。

そこのホテルのオーナーが、今回のツアーの資金を出してくれたのだ。ガードレールの無いアウトバーンを、カトリンの旦那さんが一二〇キロメートルのスピードで運転してくれた。

さすがアウトバーン、一二〇キロメートルで走っているのに、人がいっぱい乗っているバスが音を立てながら抜いていく。

エッ……あのバス、推定一五〇キロメートルは出している。

一時間半ぐらい走って、ブルグに着いた。

ブルグの周りは広大な湿地帯で森に囲まれていて、森の間には総距離八〇〇キロメートル長さのクリークという水路がいきわたり、そのクリークをシャンパン、ワイン、軽食を積んだボートに乗って二時間かけて周るオプションもある。

途中、運が良ければ、鹿やカワウソなどにも遭遇できるほど自然と調和した所だ。

"ZUR BLEICHE"

Früher, in der
Postkutschenzeit, wurden hier
die Pferde gewechselt.

名門ホテル　ツアーブライフェ
（ホテルのパンフレットより）

トルコハマムというトルコ風呂に感激

ツアーブライフェは、西ドイツ・スイス・オーストリアのセレブの人の休息の場ともいえるホテルで、駐車場にはベントレー、フェラーリ、ロールスロイスなどの高級車が並び、施設はレストラン棟・バス棟・ホテル棟に分れている。

その棟は各々の責任者が運営していて、レストラン棟は趣の違うレストランが十か所もあって、朝食のブッフェには朝からシャンパンが飲み放題、自家製のチーズ十数種類、パンの種類も豊富で宿泊客の好みに合わせて料理を作る。

バス棟には「神の手の人たち」と呼ばれる、トップレベルのセラピスト達がプライドを持って働いていてセレブの人達に対応している。

そこには大きなプールが二つあって、一つのプールにはプールサイドにいつも暖炉の火が灯っている。ジャグシー、数種類の風呂、サウナなどがあり、頭のてっぺんから足のつま先までのメインの六種類のボディケアを準備している。

私が感激したのは、滞在二日目のトルコハマムというトルコ風呂で、現れたセラピストは屈強なロシア人の女性で、腕が私のふくらはぎより少し太いのではと思うぐらいの太さだった。

まずサウナのような熱い部屋でリラックスし、続いて温められた大理石のベッド状の台に赤いギンガムチェックの布を引いたところに寝ころび、熱めのお湯とぬるい湯を見た目の屈強さと違う繊細な感じで、交互にかだにかけてくれて、からだが十分温まると、子羊の毛でできたミトンで繊細にマッサージのように、禿げた頭から肛門近くまでからだの隅々までを洗ってくれた。

肛門近くまで洗ってもらうような経験は今までした事が無かったので、一瞬、ドキドキとした。

背中が熱くてたまらないと思っていると、タイミングよくサーッと水をかけてくれる。

その繰り返しで次第にからだの芯から気持ち良さが増してきて、意識が遠のく。最後にその屈強な太い腕で背中や身体中の関節を肘を使ってボキボキ鳴らしながら伸して終了したのだった。

時間にして約九十分「今だったら死んでもいい」と思うほど気持ちがいいのだ。

終了後にタオルを頭から被せて貰い、椅子に座らされてボーーとしていたところに、熱めのその地方で採れたハーブのお茶を出してくれた。

そのお茶はその地域に生えている生の薬草のお茶で、口に入れたら熱いのにスッキリ感があって、汚れを出し切ったからだの中に染み通って、からだが浄化している感じがした。

そのあいだ、彼女は私の動きを透き通ったブルーの目で見守ってくれていて、彼女が終了の合図で仏様に手を合わせるように手を合わせてお辞儀をしたのを見て、ボーとした頭とからだで思わず彼女の身体を抱きしめてしまった。

彼女の身体は、私の腕では回しきれないほど大きく屈強だった。

トルコハマムは、長いシルクロードを旅してきた旅人の垢を落とすのと歪んだからだをもとにもどしていくための文化で、チーフセラピストはトルコハマムマイスターという国家免許を持たないとなれないそうだ。

粗めの塩、熱めのスチーム、そして蜂蜜……

翌日はツアーブライフフェスペシャル。

ホテルの名前が付いているほど、このホテルで一番の自慢のセラピーを受ける事になっていた。

豪勢な昼飯を軽めに食べて、大きな暖炉のある静かにヒーリングミュージックが流れているスペースでゆったりと待っていると、一人のシルバーの髪のバス棟主任の女性が白い服を着て現れた。「レンドさん」と日本語で呼ばれ案内されて、セラピールームに入った。

白いタイルの六畳ぐらいの広さの風呂場のような部屋。

ビニールで出来た細めのベッドが真ん中に鎮座していて、部屋に入ると熱くもなく暖められておりラベンダーの匂いがして気持ちが良い。

ジェスチャーで全裸になってと示してくれたので、ちょっと照れて身に着けていたものを全部脱いで、促されるままにビニールの上に仰向けに寝た。

そこに若い綺麗な金色の髪の女性のセラピストがキャスターを引きながら入ってきた。キャスターの上には茶色の壷が二個載っていて、一体、これから何が起きるのだろうとワクワクした。

その女性が片方の茶色の壷に手を入れ、わしづかみにして出したのは薄ピンクの粗めの塩だった。それを胸の上に静かに載せて、胸全体に塩を広げながら、皮膚を擦り始めた。

「い、痛いーーー」

エッ……この強さで？　皮膚を？　こすっていくの？

痛すぎて無理かもと思った時に、皮膚をこすりながら、彼女が「強くないか」と聞いたんだと……思う。

「OK――」と言ったら、更に激しく、強く擦り始めたので、思わず手を払いのけて上体を起こして、手でもう少し緩く、優しくやってくれるようにジェスチャーをした。

少し優しくなったが、それでも粗塩で皮膚をこすっているので、こすられていく皮膚はジンジンとして痺れるような感覚が、からだ全体に広がっていく。からだ前面が終わったあとは頭になった。

頭は驚いた事にからだの皮膚よりもっと痛かった。からだがジーーンとして気が遠くなっていたけど、思わず手を動かしてもっと優しくやってくれるようにお願いしたら、気持ちがいいぐらいの強さで頭の塩揉みが始まった。

頭が終わると、うつ伏せになって背中をこすって貰う。その頃には、もうすっかり、からだ全部がジンジンしてわけが解らなくなっていた。

全身、塩揉みが終わったら、隣の区切ったガラス張りのスチームサウナに案内されて、上から熱めのお湯がスチーム状態で降ってきて、ゆっくりと全身の塩を流していく。目を開けていられないぐらい気持ちがいい。

全身の塩が流れてスベスベした肌になったところで、先ほどと違った茶色髪のセラピストがタオルを広げて、サウナから出てきてと、合図している。フラフラしながらサウナを出ると、持っていたタオルで全身を拭いてくれて、再びビニールのベッドに。

意識が遠のく寸前で、おぼろげながら次はどういう展開になるのか？　と見守っていたら、もう一つの壺に両手を入れて、何かをすくった。彼女の真っ白な指の間から、茶色の溶液が糸を引きながら垂れた。

「エッ……蜂蜜か？」

その蜂蜜を、塩を載せた時と同じところにこぼして、指で広げていく。

蜂蜜をニチャニチャと音を立てながら広げていく。

なんか急に笑いたくなってしまい、その笑いをこらえるのにからだを硬くしてしまった。

それにお構いなく彼女は壺からどんどん蜂蜜をすくっては、あちこちのからだの部分に、それは下半身までにも及び、チンチンを指でつまみ、睾丸や肛門近くまでも、ニチャニチャと塗っては手の平でさすっていく。

どう？　なっちゃうんだろう？　と思いながらも、あまりの気持ち良さに目をつぶって耐えるしかなかった。

からだじゅうニチャニチャにしてから、そのニチャニチャの蜂蜜が糸引くように手でからだじゅうをマッサージ……ジンジンしていた肌が燃えそうに今度は熱くなった。

ジンジンの次がカッカッで、もう、どうでもいい感じになってしまっている自分に気がつく。

一通りからだじゅうのマッサージが終わるまでの十数分、全身の肌が摩擦熱でヤケドになるんじゃないかぐらいの熱さになっていた。

熱い、冷たい、サウナを使ったラシアン・ハマム

翌日はラシアン・ハマムを受ける。このセラピーはサウナを使ってのセラピーで、セラピストは黒髪の小柄な男の人だった。

八十度のサウナに十数分、我慢できるぐらいに入る。限界を感じて出ると、木の樽に氷とハーブが入っている水の中に首までつかり、自分の限界まで入っている。我慢し切れなくて樽から出ると、再びサウナに入る。

この時、おつきのセラピストが樫の葉がついた枝を、水が入っている桶にたっぷりと漬けてサウナの中で、ブンブンと振り回して熱くなった風を私のからだに送ってくる。

乾燥させた樫の葉のいい匂いと共に、熱い風がからだに当たって気持ちがいい。

サウナ内で横たわるように促されて、タオルを引いてうつ伏せに寝た。

そのからだに振り回した樫の木の枝で頭から足先に向かって、サワサワと愛撫するように動かしていく。

熱いーーーーー本当にヤケドするんじゃないかと思うほど熱いのだ。

水に漬けている木の枝の葉っぱだから、冷たくて気持ち良いと予測していたけど、サウナ内でブンブン振り回していると、その木の葉っぱが異常と思うほど熱くなるのだ。

これ、大丈夫か？　と思うほど……熱い……。それでも我慢していると、今度は仰向けにと促された。背中が熱いんだから、胸やお腹はもっと熱いに決まっていると考えただけでからだが萎縮した。

そんなこと、お構いなしに樫の枝をブンブンと振り回す。

もう諦めて目をつぶって、その枝が、からだを通り過ぎるのを受け入れるしかなかった。

あつーーーーいよーーー

声かけられて、大慌てでサウナを出て、氷の入った樽に身を沈めた。

ひーーーーー冷たいーーーーー
からだ中が気持ちいいどころか………もうビックリしている。

樽のふちをすがるように手で掴んで震えながら、黒髪のセラピストに目を向けたら、彼がニヤニヤしながら、ちょっと意地悪そうな目で私を見ながら次の枝を樽の水に漬けて、早く氷の水樽から出て来いと思っているかもしれないと感じた。

木の枝は、一回目は樫の枝で、二回目、三回目は白樺の木で計三回を用意しているらしい。これで、気を失うなと覚悟したのだった。

何万年前からの木々の葉の堆積を活かした泥風呂

滞在していた部屋は、その地方に生えているアシの茎で作った天井で、木材とシックイで壁ができていた。広さはリビングだけで四十畳近くあって、寝室は三つで、その広い部屋にたった一人で泊まっていた。

そのホテルで一番いい部屋に泊めてもらっていたのだ。

下世話な話だが……後で知った事だが私が滞在していた部屋は一泊、日本円で十八万円だそうだ。その部屋に五泊六日、部屋代、スペシャルなセラピー代金を入れると、百万円近い金額に相当する滞在だったのだ。

明日は、ツアー・ブライフェも終わり、移動という前日、あの伊達男、シャフナーが迎えにやってきた。


シャフナーとミュンヘンへと移動するとの事。

シャフナーの家はミュンヘンから車でアウトバーンを一時間ぐらい走り、ローゼンハイムという町から更に山脈に近い牧場の間の細い道を十五分ぐらいガタガタと入ったところにあった。童話に出てくるような小さな家だった。

玄関を入ると右側に一メートルぐらいの高さの台があって、ベッドになっていてベッド下は物入れとなっている。

そのベッド台からキッチンのシンクまで手が届きそうな狭さだった。

昨日までリビングが四十畳近くあったところから、その小さな家に移った時、気持ちが落ち着いたのは何故なんだろう？

その小さな家は、絶えず周りの牧場にいる牛の鳴き声と牛がつけているカウベルという真鍮で出来ている大きな鈴がカラン・カランと鳴っていて、それ以外は何も音が無い世界だった。

移動した次の日はのんびりと近くの町に観光に行った。

二日目はシャフナーの家から一時間ぐらい移動したところにある――その地方もブルグと同じ様な湿地帯で、そこの土を使った――泥風呂に連れて行ってもらった。

泥風呂はよく西部劇に出てくるような、陶器のバスタブに醗酵して熱くなったドロドロした土を満たし、そこにからだを入れて温まるという。

そこのオーナーと話をしましょうという事だったが、通訳をしてくれるという日本人の男が待ち合わせ時間に一時間も遅れてしまったので、営業が終わってしまう時間となった。

まあ、話だけという事になってしまい、オーナーの説明を聞いていた。

この地方は何万年前から木々の葉がミネラルを含んだ水と混ざり合いながら堆積して、様々な効用がある土で、何かの酵母を入れると醗酵して熱を出してくれるので、この泥風呂が根付いたらしい。

この土だよと言ってオーナーが、洗面器に入れた土を見せてくれた。

指でつまんで、匂いを嗅いでみたら、牛糞のような臭いがした。

手の平にコロコロと転がしたら、アーモンドチョコレートみたいになって、思わずそれを口の中に入れて舌で割って、味を確かめた。

口の中で牛糞の臭いが広がり、その臭いが鼻に抜けた。

うーーん、やっぱり牛糞の臭いだ。

それを見ていたシャフナーとオーナーが、食べたのか？　と聞いたので洒落も含んで、ウンと答えた。

オーナーとシャフナーはお互いに顔を見合わせて、笑った。

そして、シャフナーに、この日本人は面白いから、今日の営業は終わったけど、今から準備をしてこの泥風呂に入って貰うようにしたいと言った……らしい。

その泥風呂療法とは、大き目の陶器のバスタブに醗酵させて熱くなった土をボタン、ボタンと入れて、そこに、まずは両足を踏み込みながら入って仰向けに寝て、セラピスト――この時はオーナー自ら――がからだを押し沈めてくれる。

胸は出ていて心臓の上のところには、ゴムで出来た氷のうのような物を載せて、心臓に負担がかからないようにしている。

粘度の強い土なので、沈められると四方八方から圧力を受けて、まるで宙に浮いている感じがする。

五分もしないうちに、額には汗がほとばしった。

おそらく土の中に埋まっているからだからも、汗がほとばしっている筈だ。

泥風呂に入ること小一時間、相当な汗をかいた。

この泥風呂、出る時が一苦労で、まずは手を出してバスタブのふちを掴み、バスタブの中で腰掛けるようにして、そこから手を借りながら、一気に立ち上がる。

牛糞のような臭いのする泥風呂から出たら、タオルでさっと拭いただけで終わり、からだ中から牛糞の臭いが漂っている感じがした。

終わった後、オーナーやシャフナー、通訳さんと四人で、ドイツ料理を野外で食べていた時、私の周りだけをハエがブンブン飛んでいたのは、やっぱり、牛糞の臭いに近かったんだと思った。

お返しに試みたトルコハマムで「ボナバ」

次の日、ミュンヘンでシャフナーの友人がトルコハマムのマイスターを持っている男を紹介したいと言われて、ミュンヘンの町中のハマムに向かった。そのハマムは、日本で言うサウナ風呂みたいなパブリックなスペースだった。

シャフナーの友人は、生粋のトルコ人でマフィアと言う人でドイツやスイス、オーストリアにあるホテルのトルコハマムのデザインやプロデュースをしているという。

彼のトルコハマムは、力強くパワフルでダイナミックだった。そのせいで私の背中はヒリヒリと悲鳴を上げてしまった。

彼のセッションが終わったところに日本人の女性の通訳が入ってきて

「私のセッションはどうだったか？　そしてお前のセッションはどんなセッションなんだ」と訳してくれた。

私は面白半分で「今から、トルコハマムをやる」と告げて貰った。

彼はその事を聞いた時に鼻で「フッ」と笑った。そして、「じゃあー　やって見せてくれ」と言ってきた。

彼に対しての私のトルコハマムが始まった。

もともと私は小さい頃からファザコンで父親の背中をお風呂でよく洗っていた。背骨の調整はお手の物で、さらに日本の按摩のテクニックをよく知っている。

それらを組み合わせればトルコハマムなんだろうと思ったので、試してみたかったのだ。

時間にして四十分ぐらいだったと思う。最後に昔の三助さんがやる、手を丸くして肩甲骨の下をパンパンパンと気持ちの良い音を立てながら三回ほど叩いて終了した。

起き上がった彼は親指を立てた両手を力強く震わせて「ボナバ」と言って喜んでくれた。

ハマムを出たらシャフナーが待っていた。さあ帰ろうとした時に下半身にタオルを巻いたマフィアが慌てて出てきて通訳に話しかけた。

「これからどうするのか?」

「これから?」

「まだ決めていない」

とのやり取りがあったらしく、マフィアが奥に入って行ったが、シャフナーと通訳は動かなかった。

言葉が判らない私は静観して待つしかなかった。

マフィアは洋服に着替えてきて、シャフナーに大きな声で話し始めた。

シャフナーはその話の途中、その高い鼻をヒクヒクさせながらニコニコ顔になった。

話の内容は、マフィアが今ほどハマムのオーナーに相談して四日間の休暇をもらったので、彼のプロデュースしたホテルがオーストリアにあるので一緒に行って案内をしたいとのこと。ただし、自分の彼女も同行させてほしいとのこと、そして車を出して欲しいとのことであった。それに対してシャフナーは「全部……問題ない」と返事をしたらしい。

明日のマイソウの時間をやってもらえるか？

そして翌日の朝、私、シャフナー、マフィア、ガールフレンド、通訳の女性と五人の珍道中が始まったのだ。

まず向かったのはオーストリアの湖のほとりにある五〇〇人収容の大きめのホテルだった。

そこのトルコハマムを含むスパのデザインをマフィアがしたのだった。

大きめの温水プールは、内側と外側のプールはつながっていて、ガラス戸の下をちょっと潜っただけで、内外の出入りができるようになっていた。そんな細かい心配りもあってマフィアはなかなかのセンスを持ち合わせているなあと思った。

そのオーストリアのホテルでのプログラムを見ていると、「マイソウ」という気になる言葉を見つけ、そこのスパチーフにその文字を指さして聞いてみた。

すると通訳が「お前、日本人のくせにマイソウ」も知らないのか。というしぐさをした。

ウーーーンと首かしげながら考えた。アッひょっとして……瞑想の事？

「それはマイソウではなくメイソウと言うんだよ」と答えた。

そしたらスパチーフが通訳を通して、「もし、出来るのなら明日のマイソウの時間を、お前がやってもらえるか」とお願いされた。

言葉の中にマイソウと言う言葉が入ってくるので、言っている意味が何となくだが理解できた。

「じゃあーー、とりあえずやってみよう」となった。

そして、五分もしないうちに館内放送が響いた。

その放送の中にレンドという言葉とマイソウと言う言葉を使っていたので、明日の朝のワークショップの案内だと判った。

それを聞いていたシャフナーがその高い鼻を大きくヒクヒクしながら大きく口を開き、ニコニコしながら館内放送の天井スピーカーを指さして喜んだ。

そしてその瞑想のギャランティは五人の二日間の宿泊代でいいかとの話となって更にやる気になった。

翌朝、六時から開始の瞑想の会場に五時半に向かった。

そのスペースは五十人ぐらいでいっぱいになってしまうぐらいの広さで、入口は人だかりがしていて中にも入れないぐらい大勢の人がすでに集まっていた。

その人達に声をかけながら、かき分けて中に入ったら、もうすでに八十人以上の人が部屋の中で立って待っていた。

スペースの前側に行ってそこに座り、大きく息を吸い込み、大きく吐きながら響く声で「オハヨウ」と日本語で言った。

その挨拶と同時に私のすぐ前にいた人から座り始めてうねりの様に座っていくのが後ろまで続いた。

結局、その朝の瞑想の参加者は一二〇名を越えた。

瞑想後の朝食はそのホテルのオーナーと一緒だったが、今朝の瞑想は参加者がとても喜んで、フロントにお礼に来た人が殺到した。もし都合が良ければ三、四日滞在して貰えないかとの話だったが、丁重にお礼と予定があって無理なんですと伝えて貰った。

砂風呂に似たマッツボックリと松の葉の風呂

そのオーナーが、面白いセラピーがあるので行ってみたらと二つの場所を教えてくれて、電話までかけて段取りをしてくれた。

明日からの予定もそこで決まり、その日、我々、五人は特別に湖の近くのサウナの家を借りられる事になった。

サウナの家は十坪くらいの大きさで、湖まではボコボコした石の階段を十段ぐらい降りて芝生の上を三メートルぐらい歩くと、五メートルぐらいの長さの木の桟橋になっていて、その先から湖に飛び込むようになっている。五人は全員がスッポンポンで湖とサウナの家を行ったり来たりした。

サウナの中でマフィアのガールフレンドが私の前に座り、話しかけてきた。私の横には通訳の女性も座っていて前と横に若い女性がいるのだ。

それだけでもドキドキするのに、マフィアのガールフレンドは正面に足を開いたまま座っていて平気な顔をして話しかけてくる。

習慣の違いといえども慣れない事なので目の焦点をどこに合わせていいのか迷って、うつろな状態を装って目を宙に浮かすようにして話を聞いた。

自分の弟が、腕が痛んだまま二年も上がっていないとの事。それをどうすればいいのかと言う。

それは腋の下の真ん中をほぐすといいよと言いながら、自分の腋の下をほぐすのをやって見せたが、彼女はどんな感じでほぐすのか？　と言いながら股を開いたまま身を乗り出した。

更に目のやり場に困り、目をそらしたら通訳の子のからだを見てしまう事になってしまい、あわてて天井を見て目をそらした。

ドイツは倫理に厳しい国だと思っていたのに、ドイツに来てスパに入ってみたら、まったく自分の考えていた倫理とは大きくかけ離れていることを知ったのだった。

マフィアとガールフレンドとは、ここのホテルで別れる事となっていた。名残惜しい気持ちを抑えて、その日はオーナーが教えてくれたセラピーを訪ねるために、デコボコしている石畳の山道を三人が乗ったトヨタ車のセリカで向かった。

そのセラピーは、マツボックリと松の葉を積み上げて酵素をまくと発酵をし始めて熱を出す。そして日本で言う砂風呂の様にその中に埋まって入る療法だった。

ちょっとマツボックリも松の葉も刺々しいところがあって、白いシーツに包まれていてもチクチクして痛かった。

でも暖かくて気持ちが良いし、匂いもいい感じの匂いだったのでチクチクは主張しないで黙っていた。

暫く入っていると汗がどっと噴き出てきた。小一時間経って、顔に出ている汗の状態を見て、からだにかけていたマツボックリと松の葉を払うようにとりのぞいてくれ、手を貸してもらいながらフラフラと立ち上がった。くるんでいた白いシーツは、しぼればポタポタと落ちるぐらいに汗で重くなっていた。

からだは充分に発汗して爽快になって、からだ中が松脂の匂いがした。そのからだを冷たい水道水を勢いよくかけてくれた。明日の朝まで石鹸は使わないで、と言われてそこをあとにした。

浴槽に谷川の水を入れそこに焼けた石を入れる

その日の夜は、アルプスの中腹のロッジに泊まることになっていた。そこに向かう道は、絶えずアルプスが見えていてどうも私達はアルプスを中心にスイスに入ったり、オーストリアに行ったり、イタリアだったりとあちこちと移動している事に気がついた。

ロッジは夜遅くに着いた。

翌日は更にアルプスの山頂の方に向かって登っていく。

高度がドンドンと上がっていくごとに、青い草原からゴツゴツとした岩がみえてきたなあと思った時、カールバドというところに着いた。

バドというのは温浴という意味で、カールは人の名前でカール小父さんの温浴という意味なんだそうだ。

カールバドはその地域に生えているいい匂いのする巨木、クスノキ系かもしれないと思うような匂いがした巨木を、棺桶の様にくり抜いたような浴槽に山から流れてくる谷川の水を引き込み、水を入れる。そんな浴槽が八個あって、一日に一回しかやらないので一日に体験できるのは八人だけ。

外には若い男の人二人が大きな焚火を焚いていたので、その火に当たりながらどんな事になるのか？　ワクワクしながら様子を見ていた。

ここまで高度を上げてくると、七月の中旬とはいえ肌寒かった。

焚火の火は煌々と燃えてパチパチと石がはぜる音がする。

そこに「エッ」と思ったほど、「おやつにカールの小父さん」そのままの小柄な小父さんが現れて、若い二人に指示を出した。

若い二人は、鉄でできた柄の長い棒で焚火を崩し、中から赤く焼けた石を取り出して、一輪車に乗せて棺桶状の浴槽がある部屋へと運び込んでいった。

それを見て大体の事が予想できた。棺桶状の浴槽に入れた水に真っ赤に焼けた石を入れて水を温めて入るのだ。

だから人が入るには、二メートル以上の長さがあるのでちょっと長いなあと思ったけど、浴槽に寝そべった時に足元にその石を入れるために長さがあったのだと気づいた。

そういう事だったんだなと納得した。

それから一時間半ぐらい経って、再び焚火をし始めた。

二回目だなと思ったが、「エッ、一日一回しかやらない」と言っていたはず……なのに、その日は私達のためにもう一回やってくれたのだ。

それも三人だけのために、このカールバドは一年先まで予約でいっぱいで、簡単には体験する事ができない。

いよいよ私達の番となって浴槽のある部屋に入って行った。

その部屋は日本で言う酒蔵の様な感じで、焚火の煙で柱は真っ黒にすすけていて薄暗く、なんか懐かしい感じがして落ち着いた。

そこに先ほどの若者が真っ赤に焼けた石を積んだ一輪車を運び込んできた。その焼けた石を石の床にゴロンと転がして、ひとつひとつその浴槽にスコップですくって入れ始めた。

石を入れるたびに、ジューーンと大きな音と共に水蒸気が上がり、目がかすみ薄暗い部屋が更に見えにくくなった。

石を入れる度に、カール小父さんが大きなしゃもじの様なボートのオールの様なもので浴槽をかき回して温度を調整していく。

「ボワラーー」と言って、いよいよカール小父さんのお風呂タイム。

さっと着ている物を脱ぎ、ゆっくりと足先からその棺桶状の浴槽に入った。ちょっと熱めだが、冷めたからだはその熱さを喜んでいた。

ゆっくりとからだを横たえて首まで浸かった。

からだはジーーンと反応して気持がよくなって、思わず浴槽で居眠りをしてしまった。

温浴文化はラドン鉱石の山にあった

気がつくと浴槽の湯は少しぬるくなってしまっていて、出るにはちょっと辛いなあと思っていたら、またカール小父さんが部屋に入ってきて声をかけてくれた。

通訳の女性が「もう少し焼けた石が必要であれば、欲しい石の個数を言ってください」と言っていますと言ってくれたので、ちょっと熱めがいいなあと思って、うろ覚えのドイツ語を思い出しながら、指で数をかぞえて「アインス」「ドライ」……「ドライ」と大きな声で言った。

カール小父さんは「ヤーーー」と返事をしてくれ、焼けた石を三つ足元に入れた。

エッ二個って頼んだのに三つ……そりゃあーー熱くなりすぎるよーー。

熱っちちーー。

どうしてえーーと思ったが、もう一度指で、数えてみた「アインス」、「ツヴァイ」、「ドライ」、そうか、ドライって三つじゃないか。

相当に熱い風呂になってしまったが我慢して入り続けた。

このカールバド、浴槽に入っているだけで身体中が活性して細胞が活き活きと動いていくのが体感できる。

不思議に思って色々と説明を聞いて驚いた。

この温浴文化は二〇〇年前からの伝統的なものでカール小父さんはその四代目。

カールバドがある一帯は、ラドン鉱石の山でその鉱石の間を流れてきた水を、クスノキ系の木に入れて火で熱く焼いた石もラドン鉱石で、ラドン温泉どころの話ではなかったのだ。

焚火を担当していた二人もカール小父さんの息子たちで、息子の嫁さんたちもこの仕事を手伝っていた。

それでもこの温浴に入るのに、わずか日本円で三〇〇〇円程度だったので、一日八人で二四〇〇〇円……そんなもので三家族が生活できるのかな？　と思いながら、その浴槽から出て、着替えて外に出た。

外に出たら、そのバドの隣に建っているログハウスの周りには二〇〇人ぐらいの人がいて、ごった返していた。

何だろうと思ったら……そのログハウスでカールバド一家が飼育しているヤギの乳のチーズや薬草入りの鹿のソーセージ、近くの山中で採れた野生のベリー類のジャムなど山地で収穫出来たものばかりを食べさせるレストランを経営しているのだ。

午前中でカールバドを終了させて、午後に食べ物の加工や製造して温浴施設で名を売りレストランで収益を上げる。

なるほど一日八人の体験で有名になっても、その姿勢を崩すことをしないで、その魅力で集客をするとは大したものだと感心した。

ヘル・カール（ドイツ語でミスターをヘルと言う）とベリーのジャムで自家製のパンを食べながら、話していると腕をさすっていたので、通訳を通じて「腕が痛いのか？」と聞いてもらった。

カールはもう三年前から腕が痛くて焚火の薪さえも持ちにくくなって

しまったらしい。

年も聞いたら……驚く事に私と同じ年だった。

我々のために一日一回しかやらないはずのバドを体験させて貰ったお礼にと彼の五十肩の治し方を教えた。

その場で良くなった事に彼は驚き、奥さんや息子や息子の嫁さんに腕を上げて見せて、はしゃぎ、私の手を取って踊りまくった。

夕方になって、昨晩のロッジに戻ろうと準備している時、カール小父さんが車に近づいてきて、ビニール袋をシャフナーに渡していた。

中身は鹿のソーセージだった。

それを貰いながらシャフナーのおしゃべりが始まった。

彼はプロデューサーでもありジャーナリストでもあったので、おしゃべりは得意そうだった。

喋りはじめると止まらない。

喋っている中にヤーパンとレンドと言う言葉が出てくるので、日本で起きた事を大袈裟に話しているのだなと思った。

でも、その話のお陰で、突然、嘘のような展開になった。

北イタリアの山奥で行う山草セラピーへ向かう

カール小父さんが大慌てでログの事務所に向かって走って行った。

十分ぐらい経って戻ってくると、カール小父さんは大きな嬉しそうな声で話し始めた。

その話にシャフナーが嬉しい時に見せる、その高い鼻を大きくヒクヒクしながら、大きく口を開きニコニコしながら、貰ったビニール袋を振り回して、「グーート・グーート」と叫んだ。

北イタリアの山奥で山草の変わったセラピーをやっている知り合いに電話したら、

「是非、来てくれと」と言われたのだそうだ。

また、新たなる出会いにつながった。

それも急な電話なのに明日でいいとの事。

翌朝、妙なウンコの様な土が上から降ってきて、その土に埋もれてしまい身動きができなくなってしまった夢で目が覚めた。

目を凝らしてもまだ暗い。

時計を見たら、まだ四時過ぎだった。フーーと息を吐きながら、なんで？あんな夢を見たんだろうと考えていたら、シャフナーが目を覚まして自分の腕時計を見て
「レンド・オハヨゴザイマス」と片言の日本語で声をかけてきた。

私は片言のドイツ語で「グーテンモルゲン」と返した。

シャフナーは繊細な心遣いをしてくれるので、こんな長い旅を一緒にしていても疲れない。

大きくからだを伸ばしたかと思ったら、そのままベッドから起きてズボンをはき始めたので、そうか……今朝は確か、早朝に出発だと言っていたことを思い出した。

シャフナーのトヨタ車のセリカは少し古い型だけどよく走ってくれる。アウトバーンは一八〇キロメートルで疾風のごとく、長い山道も疲れも感じさせないぐらいいいい走りで登って行く。

まだ暗い早朝のアルプスの道をグングンと登って行く。

オーストリアを出発してスイスを抜けて北イタリアに向かう。

指定された北イタリアの温泉地には、昼の二時半過ぎに着いた。

待ち合わせは三時だったので、カフェで美味しいカフェオレを飲んで時間をつぶした。

ヨーロッパのカフェオレは何故か美味い。

彼等は一時間ほど遅れて到着した。

待っている間シャフナーは珍しくイライラした様子を見せていた。ひょっとしたら来ないのではないか、ひょっとしたら待ち合わせの場所を間違えてしまったのではないかと、考えていた様子だった。

彼等は男三人で、見た目は三人ともだらしない感じの人だったし、待ち合わせ時間にも遅れてきたし、あまりいい気持ちはしなかった。

そのカフェで三十分ぐらい話して移動しましょうとなって、車に乗り込み彼等の車の後についていった。

通訳の女性が「とりあえず山の上のレストランで食事をするらしいです」

「フーーン、とりあえず、食事って事なんだね」と返した。

ヤッパリ……あまりいい気持ちはしない。

道は一台がやっと通れるぐらいの幅で、両脇は石を積み上げた塀で道はデコボコだった。

両脇の石垣はリンゴ畑で、枝が折れてしまうんじゃないかと思うほど赤くなりかけたリンゴがいっぱいに実をつけていた。

その細い道を勢いよく二台の車は登っていく。三十分ぐらい登っただろうか、こんな山の上にレストランなんてあるのか？　と思うほど坂道をあがった。

もうセラピーの時間は終わってしまいました

小高い丘の上にそのレストランは建っていた。

シックイの白壁、茶色の柱、農家の一軒家風な佇まい。

中に入ると数十人のお客様がいて混んでいた。

彼等三人の中のヒゲモジャの男がウェーターに声かけたら、ウェーターが握手を求めてきて丁寧な応対をしている。

フーーン、常連なんだな……でも……あまりいい感じはしなかった。

そのレストランはこの地方の郷土料理の店で自慢は水餃子の様な食べ物だった。

スープの出汁をなんで摂っているのかは判らなかったけど、そのスープに大きい水餃子が二つ入っていた。

食べようとスプーンで小さくしようと分けようとしたら、皮が厚くてなかなか切れない。

仕方がないので器の端まで引き寄せて口で噛みちぎろうとした。熱くて唇をヤケドしそうになった。

隣で食べているのを見たらナイフとフォークで切って食べていた。

何だよ……食べ方を教えてくれればいいのにと思った。

ヤッパリ……いい気持ちがしない。

食事も終わっても、話は終わらなかった。

心の中で「いつになったら……セラピーをしてくれるのだ」と何回も

思った。

シャフナーの腕時計を、わざとらしく手に取って見るふりをした。それに気づいたシャフナーが、やっとセラピーの話をし始めたらしい。

通訳の女性が「エーーーッ」と声を発した。

「ナーーニ？」と聞いたら、

「あのう……大変です、彼のセラピーはもう時間が遅くなったので……終わっていて……受けられない……らしいです」

「なんだと？」と、日本語で強い語気で言ってしまった。

フウーーーーとため息まじりで息を吐き、下を向いた。

「その代り、私の持っている城が見える場所に連れて行くよ……と言ってます」

「自分の城自慢かぁーー」と通訳さんに言ってしまった。

まあーーしょうがない、従うしかないと思って、うなずいた。

そのレストランからまた車に乗って十数分でその場所に着いた。

彼の城はその場所から二キロメートルぐらい離れたところに建っていた。

確かに……立派な城だ。

その城を見ながら今の状況を考えてみた。

どうして？　こんな事に？　なってんだろうか？

通訳さんが「錬堂さんーー……彼等がここの場所は気持ちがいいだろう？　って聞いていますが」

「何、言ってんだよ……ちっとも気持ち良くない」

この失言を通訳さんが、そのまま訳してしまったらしい。

一瞬、空気が張りつめた。

「しまった……」と思ったが……もう言って……しまった事だ。

リトルブッダ、是非私達のセラピーを体験して

すると通訳さんが「じゃあーーお前が気持ちいいところってどこだと……言ってます」

「ウーーーン、そんな事が解からないのか？」

「気持ちがいい場所は……この先に有る」と言って先頭を切って早足で歩いた。

連れて来てくれた場所からその気持ちのいいと思う場所は、たった三〇〇メートルぐらいしか離れていなかった。

二メートルぐらいの高さの木々が密集していて、そこをかき分けて突き進む。

パーーンと視界が開けて、その先の崖のふちまで行った。

そこに立ち大袈裟に手を広げて大きな声で「ここだよ気持ちがいいの

は」と叫んだ。

彼等三人は近づいてきて、通訳に何か言っている。

それを無視して深い呼吸をつづけた。

「なんて気持ちがいいんだろう」と思わず独り言が出てしまった。

通訳さんが「錬堂さん、ここは何?……って聞いてます」

「ンッ……ここは聖者の丘、春先にここに立って、例えば西から風が吹いたらその年は日照りで雨が少ない。南から風が吹いたら雨が多く日照時間が短いなど……人々にその年の天候を予想した予言の丘」

通訳さんがその事を話した途端、彼等三人は次から次へと私に抱きついてハグをした。

ウェーーー男にハグされても……嬉しくないよと思った。

その時、通訳さんが言った。

「錬堂さん……彼等が……錬堂さんの事を……リトルブッダと呼んでい

ます」

「エッ……リトルブッダ？？」

「そんな訳……ないだろ、それよか、もう発たないと、今夜、泊まるところも決めてないみたいだぜ」

シャフナーを促して車で去ろうとした時に、彼等が「ちょっと……待って、私達がやっているセラピーを是非、体験していって下さい」

「もし良ければ、その後は私の家に是非、泊まって下さい」

と言ったらしい。

「何、言ってんだよ、さっき……もうセラピーは遅くなったので終わったって言ってたじゃないか」と口では言ったけど、なんかワクワクしてきた。

もうセラピーは終わって、セラピストは帰したけど、電話して呼び戻す手配をしたらしい。

思わぬ展開で益々ワクワクしてきた。

とりあえず、急いでセラピーサロンに向かいましょうと車で向かった。

彼等のセラピーサロンはそこから車で十数分の緑の草原の丘の上。

右側には放牧の豚小屋、左には馬小屋が建っている道を抜けると、正面にこじんまりとした山小屋風の家がある。

家の横の駐車場に車を停め、三人に案内されて家に向かう。最初に会った時と全然、態度が違う。

どっしりとした玄関を入ると部屋中に甘い草の匂いがして鼻の奥に突き抜ける。

あーーーーなんて、いい香りだろうか？

その香りは何と表現していいのか分からないけど、胸がキュンとする匂いで懐かしさが込み上げてくる。

日本で言う畳の井草の匂いに近い匂いだった。

彼等がもう少し準備に時間がかかると言う事と、戻ってこれるセラピストが、一人しかいないので、セッションは私一人だけにしてくれとの事。私だけならセラピーを受けなくていいよと言ったが、通訳さんもシャフナーも手を横に振りながらその言い分を打ち消した。

改めて部屋を見回して、草の匂いはどこからなんだろうと探した。

アッこれだ。

見つけたのはソファだった。

太い針金で形を作っているソファ……その中にパリパリに乾いた細い草がびっしりと入っている。

セラピー受付カウンター棚には草の絵が描かれたラベルが貼ってある。小さな瓶がきれいに並べて展示してあり、草の館と呼びたいほどの山小屋なのだ。

だから……玄関を入った途端に、脳の奥にまで突き抜ける気持ちのいい草の香りが漂っていたのだ。

ここにいるだけで……気持ち良い。

そこにセラピストが玄関のドアを開けて入ってきた。

彼女は小柄なインド人で目を見張るほどの美人だった。

なんか益々ワクワクしてきた。

さっきまで、あまりいい感じじゃなかった。いやむしろ気分を害していてこの人達の前から早く立ち去りたかった筈だったのに……。

この予想できなかった大逆転劇なような状態が、嘘のように気持ち良かった。

いよいよ、この草館のセラピーが始まろうとしていた。

どんな事になるのか……。

もう……胸がかきむしられるような感覚に落ち入るほどハイテンションのトランス状態になっている。

「あーーーー至福の時間」

小柄なインド人のセラピストが、からだの線がピッチリとわかる白いウェアで現れて手を差し伸べてきた。

夢遊病者の様にその手に従って別室に移った。

その部屋はちょっと薄暗い、小さな窓が一つだけのシンプルな部屋で、夏の海岸で使うボンボンベッドみたいな形状に布で編んで出来ていた。

ベッドの真ん中には直径五〇センチ位の白い布の包みが置いてあり、彼女の浅黒い細い指がその包みをほどくと、中から、さっき見たソファの中にびっしりと入っていた草が縮めたスポンジが膨らむような感じでフアーーと膨らんだ。

そのいい匂いがする草を丁寧にベッドに広げていくのを、もうすでにボーっとした頭で見ていた。

ここに裸になって寝てとジェスチャーで招いたので、思い切ってはいていたパンツを下着と一緒に脱ぎ全裸になって、その草の上にゆっくりと仰向けに横たわった。

脇にあふれている草をお腹の上にかけて貰い、白い厚めのシーツで包まれて、まるで枯草の中にいる子羊状態になった。

目をつぶり、ゆっくりとその芳香を肺と脳の奥に染み渡らせるように、深い呼吸を繰り返した。

乾燥した草は郷愁を誘ういい匂いだけど、ちょっと全身がチクチクとした。

うーーーーん……いい匂い……だけどチクチクする。

暫くするとシューーーーーと何か音がする。

何だろうかと思っても、目を開ける気にはならなかった。

アッ……ベッドの下から熱めの蒸気が上がってくる。

蒸されているのか?

エッ草蒸し状態?

じっくり考える余裕も無く気を失うような感じで眠ってしまった。

なにかの音で気がついた。

一瞬、どこにいるんだろうかと考えなければ居場所が判らなかった。

ゆっくりと目を開けたら、インド人の綺麗な人が私の顔を覗き込んで小さく顔をたてに振り、うなずいた。

顔や頭にびっしょりと汗をかいている。

それを冷たいタオルで拭いてくれた。

細い手につけた腕時計を指さし、あと三十分はこのままで……と教えてくれた。

もう三十分もこのままでいられるのかと思ったら、再び気を失うように眠りについた。

またしても何かの音で目が覚めた。

「何の？　音なんだろう」と考えた。

ちーーーーーんーーーー細く、長く、やさしい音が鳴った。

ゆっくりと目を開けると、目の前にセラピストがチムタンベルを持って微笑んでいた。

あーーーーー至福の時間。

ゆっくりとからだを起こしてベッドに座った。

からだのあちこちに汗でくっついた枯草も何故か心地よかった。

セラピストがまた手をさしのべてきて、それに誘われるように立ち上がった。

全裸のからだにくっついた草を手で払ってくれて、別の部屋に案内された。その部屋にはちょっと細めのベッドがあって真っ白なシーツをひいてあった。

そこにうつぶせに寝るようにとうながされて、全裸のまま、うつぶせに寝た。

ヨーロッパに来て以来、全裸でセッションを受けることが多くなって、だんだんと全裸が……何ともなくなってきている事に気がついた、羞恥心がマヒしてきたのか？

彼女のセッションが始まった。

その小柄なからだの小さな手に枯草のオイルをたっぷりと塗り、後頭部のマッサージから始まった。その小さな手についている細い指が私の首筋にやさしく食い込み、ボーッとした頭が更にボーッしてしまうぐらい気持ちがい。

首筋から背骨の両脇を通ってお尻の下側まで、やさしいけど力強いパワーのあるマッサージ。

ちょっとだけ火照ったからだに、清涼感さえ感じるスパイシーなオイル

に恍惚となって意識を失うのではないかと思うほどの気持ち良さに、

「今だったら……死んでもいいや」と思ってしまった。

恍惚感の後に窓から見えたアルプス絶景の風景

そのマッサージはちょっと短めに終わったが、十二分堪能できた。

極め付けはその後だった。

その彼女、セッションが終わったら、私を隣の部屋に案内してくれた。

その部屋はダブルサイズのベッドが七つ並んであって、休憩室なのだ。

今は私以外、誰もいないので真ん中にあるベッドに案内された。

ヨーロッパのヒーリング・セッションは、終了後は必ずこのようにゆっくりと休憩するスペースを持っていてセッション後の余韻を楽しむように工夫されている。

気持ちのいい状態でベッドに横たわった。

そこに彼女が部屋に入ってきて、「カーテンを開けますか？」とジェスチャーで聞いた。

ボーーとした頭をゆっくり、縦に振った。

目の前の分厚いカーテンを彼女が音もさせずに引き、大きなガラス窓が現れた。

「ウッ・ウワーーーーーー」と思わず叫んで身を起こしてベッドの上に座ってしまった。

そこに見えたのは、夕日で赤く染まったアルプスと草原の緑のコントラストがガラス窓いっぱいに展開していて、写真や絵でしか見られないだろうなと思うほどの光景があった。

胸が込み上げてきて、思わず顔に力が入り、涙が出てきた。

それと同時に今回のヨーロッパツアーの始まりから今日までの体験が、あとからあとからビジョンが映り、さらに胸が込み上げてきて、今回のツアーに関わってくれた人達の顔、感激した景色、今まで経験した事が無かった数々の体感に感謝の念で一杯となった。

この枯れ草のセラピーは高度一五〇〇メートルの、家畜を一切入れない草地の草を使っていて、夏前の新緑の時に刈り込んで乾燥させて保存したものを使っている。

その晩は城を持っているヒゲモジャさんの家に泊めてもらう事となり、晩飯は手づくりの軽い料理で、夜遅くまで仏教の話、古神道の話で盛り上がった。

翌朝はヒゲモジャさんが町まで焼きたてのパンと搾りたての牛乳を買ってきてくれ、朝食後、彼の家を発ち、シャフナーの家へとセリカに乗ってアウトバーンを突っ走って帰った。

今回のミュンヘンから始まってリヒテンシュタイン公国を中心とした旅の走行距離は二三〇〇キロメートルだった。

帰国後、そのヒゲモジャの家の前で撮った写真を、登山好きな友人に見せたら、この写真の人……何て人？

「えーーと……なんて名前だったかなあ……」

「ラインホルト・メスナーって人じゃないの？」

「エッ……なんで？　彼の名前を知ってんの？」

「世界的に有名な……登山家だから」

「へえーーーそうなんだ」

ラインホルト・メスナー

一九四四年、イタリア・南チロルで生まれる。

十代の頃から東アルプスで五〇〇回を超える登攀《とうはん》をこなし一九六六年二十二歳の時にグランド・ジョラス北壁を攻略。

一九六九年、三大北壁の中でも最も難易度が高いとされるアイガー北壁を当時の世界最短記録で攻略。

五年後の一九七四年にも再びアイガーを攻略し、ペーター・ハーベラーと共に自身が持つ世界最短登頂記録を更新した。

後記

この視察旅行で私はかなりの刺激を受けた。そして改めて感じたことは、日本と西欧の温泉療法の違いだった。

西欧の温泉療養は充実した施設と人の優れたサービスで成り立っているが、日本は基本的に、人にしてもらうのではなく自分のからだは自分でする湯治というセルフメディケーションの誇るべき文化があることだった。

これからの時代、団塊の世代が高齢化してこのままでいくと、医療費が膨大な事になってしまう。

今からからだの痛みぐらいは自分で治すセルフメディケーションを目指さないと大変な事になってしまう。

それは日本だけの問題ではなく世界的な問題であるから、湯治で行うセルフメディケーションは、世界が求める救世主となるぐらいの事なのだ。

それを本質的に日本人は……知っている。

その兆候として最近、国内において代替医療、セルフケアなどの言葉をチラホラと聞くようになっている。

今まで国内においては海外の横文字のセラピーが巷に溢れていたが、これから日本の健康文化が世界広がる時が来ているのだ。

One Coin Books

ワン コイン ブックス とは、

手軽に楽しめる錬堂ワールド本として、錬堂自らが著しシリーズで発刊していきます。

杉本錬堂（すぎもと　れんどう）

1950（昭和 25）年 静岡県伊東市生まれ 。

海上自衛隊を経てパティシエとなり『菓子の木』を開業（ 27 歳)。45 歳から天城流湯治法としての健康法及び温泉療法をまとめ始める。

2001 年、NPO 法人錬堂塾を設立。2007 年 (57 歳) 1 月から全国行脚を開始、4 月にはペルーで開かれた世界民族長老会議に日本からのオブザーバーとして参加。

現在は、天城流湯治司として世界を股にかけ年間 300 日を超える旅を続けている。

ワン コイン ブックス 3
神々の試練 世界のシャーマンに認められた男
― ヨーロッパ紀行 ―

平成29（2017）年9月15日 第1刷発行
令和5（2023）年9月30日 第2刷発行

著　者　　杉本 錬堂
発行者　　斎藤 信二
発行所　　株式会社　高木書房
〒116 - 0013
東京都荒川区西日暮里5 - 14 - 4 - 901
電　話　03 - 5615 - 2062
FAX　03 - 5615 - 2064
印刷・製本　株式会社ワコー

ISBN978-4-88471-454-3 C0123

ワン コイン ブックス　シリーズ

神々の試練　世界のシャーマンに認められた男

―少年期・青春期1―　既刊（シリーズ1）
―青春期2―　既刊（シリーズ2）
―ヨーロッパ紀行―　本書（シリーズ3）
―中年期―　既刊（シリーズ4）
以下、続く